VENADOS

ANIMALES NORTEAMERICANOS

Lynn M. Stone

Versión en español de Elsa Sands

Rourke Enterprises, Inc.
Vero Beach, Florida 32964

CRÉDITOS FOTOGRÁFICOS
Todas las fotos por la autora

LIBRARY OF CONGRESS
Library of Congress Cataloging-in-Publication Data
Stone, Lynn M., 1942-
[Venados. Español.]
    Venados / por Lynn M. Stone; versión en español de Elsa
Sands.
    p.   cm. — (Biblioteca de descubrimiento de animales
norteamericanos)
    Traducción de: Deer.
    Incluye un índice alfabético.
    Sumario: Una introducción a las características físicas, los hábitos, el
ambiente y el futuro de las dos especies de venados norteamericanos.
    ISBN 0-86592-831-2
    1. Venados—Literatura juvenil.
[1. Venados.   2. Materiales en español.]
I. Título.   II. Serie por: Stone, Lynn M., 1942-
Biblioteca de descubrimiento de animales norteamericanos.
QL737.U55S7618   1991
599.73'58—dc20   91-21366
                                          CIP
                                          AC

ÍNDICE

LOS VENADOS

¿Cómo nos sentiríamos con un perchero sobre la cabeza? Si fueras el macho de los venados lo sabrías. De los animales grandes, salvajes y con pezuñas de Norteamérica, los venados son los que mejor se conocen. El macho de los venados en realidad no lleva un perchero en su cabeza sino que lleva **astas.** Las astas son algo parecidas a un perchero porque se asoman de la cabeza y son duras como una piedra.

Dos clases o **especies** de venado viven en Norteamérica. Estos son el venado de cola blanca (*Odocoileus virginianus*) y el venado mula (*Odocoileus hemionus*).

5

Un venado mula vestido de "terciopelo"

LOS PRIMOS DE LOS VENADOS

Los venados de cola blanca y los venados mulas son parientes cercanos de otros miembros de la familia de los venados. Todos los machos de la familia de los venados llevan astas. Los alces son los miembros más grandes de la familia de los venados del mundo. Un macho o toro de los alces puede pesar 1,400 libras.

Los alces tienen astas anchas y allanadas.

Los antas también son mucho más grandes que los venados. Los machos de los antas tienen cuellos gruesos y astas enormes y extendidas.

Los caribúes son los venados que viven por lo común en Alaska y en el Norte del Canadá. Estos venados son parientes cercanos de los venados del Norte de Europa.

Un macho de los antas

CÓMO SON

Los venados son de color café o gris con adornos negros y blancos. Los venados tienen patas largas y ojos grandes y oscuros.

Las astas crecen temprano en el verano. Al principio están cubiertas de pelos pequeños y finos que forman una cubierta de vello.

Los machos de los venados mulas pesan un promedio de 250 libras.

Las hembras llamadas **gamas,** son de un tamaño menor. Los venados de cola blanca son generalmente más chicos que los venados mulas.

Los venados mulas tienen las colas negras. Ellos también tienen las astas más anchas y orejas más largas que los venados de cola blanca.

Un venado de cola blanca

DÓNDE VIVEN

Cada especie de animal vive en un área llamada su **territorio.** El territorio del venado mula va desde el Oeste del Canadá hacia el Sur por el Oeste de los Estados Unidos y hacia el Este hasta Minnesota y al Oeste de Tejas. El territorio del venado de cola blanca incluye el Sur del Canadá y la mayor parte de los Estados Unidos. Su territorio continúa para el Sur hasta América del Sur. Dentro de su territorio los venados viven en ciertas clases de terreno. Estos lugares se llaman su **habitat.** A los venados mulas les gusta vivir en los bordes de los bosques y matorrales de montañas y colinas. A los venados de cola blanca les gusta vivir en los bordes de los bosques de las haciendas y de los montes.

*Un venado mula en el
estado de Washington*

Un cervato de un venado mula

Un venado de
cola blanca

CÓMO VIVEN

Los gamos y las gamas pasan la mayor parte del año separados. Durante el otoño, la temporada de la cría, los gamos y las gamas están juntos. Los venados también se juntan en el invierno.

En el otoño los gamos se pelean a menudo. Un macho puede perseguir a otro macho para que él se aleje de las gamas. Los dos pueden también pelearse a duelo con sus astas. Los venados son más activos temprano de mañana y al anochecer. Durante el día descansan en un lugar sombreado. Los venados son buenos nadadores y corren con gracia y ligereza.

Un asta mudado

LOS CERVATOS DE LOS VENADOS

Las gamas tienen uno o dos bebés llamados **cervatos.** Al nacer los cervatos pesan de cuatro y medio a siete libras. Los cervatos son manchados. Estas manchas los ayuda esconderse en las hojas y ramitas en el fondo del bosque. Un cervato puede ponerse de pie a los 10 minutos de nacer pero es menos peligroso para el cervato si se queda muy quieto.

Los venados que sobreviven a los cazadores, las enfermedades y los accidentes con los automóviles, pueden vivir varios años. Los venados en cautiverio han vivido hasta la edad de 20 años.

Un cervato de cola blanca y la gama

ANIMALES DE RAPIÑA Y PRESA

Los venados son **herbívoros** porque comen plantas. Los venados comen plantas tiernas y verdes, bayas, hojas, ramitas y bellotas.

Los venados son la **presa** o comida de los animales grandes que comen carne que se llaman **animales de rapiña.** Estos animales que comen carne generalmente comen venados enfermos, heridos, jóvenes o muy viejos. Los cuguares (leones montañeses), los osos, los lobos y los coyotes de vez en cuando matan a los venados.

Los venados tienen buenos ojos y oídos para advertirles en caso de peligro. También tienen pezuñas filosas y astas para defenderse.

Un lobo y un venado

LOS VENADOS Y LOS SERES HUMANOS

Muchos animales salvajes han desaparecido en este siglo. El crecimiento de las ciudades y haciendas ha destruído sus habitats.

Los venados, sin embargo, no han sufrido este fin. Los venados mula son comunes en el Oeste. Los venados de cola blanca son comunes en el Este.

Hoy en día existen más venados de cola blanca que antes. A los venados de cola blanca les encanta las cosechas de las haciendas y pueden vivir en el bosque o en matorrales cerca de las ciudades.

Los venados son **animales de caza.** Son cazados con escopeta y flecha durante ciertas temporadas cada año.

Un venado Cayo en Florida

EL FUTURO DE LOS VENADOS

Las leyes de caza y la pérdida de los animales de rapiña que comen a los venados han ayudado a los venados.

Los venados Cayos son una clase de venado de cola blanca. Ellos son del tamaño de un perro grande. Los venados Cayos viven sólo en algunas de las islas, o cayos, en la punta sureña de Florida. Los venados Cayos han perdido la mayor parte de su habitat y son muy escasos.

La mayoría de los rebaños de venados tienen un buen futuro. Hoy los venados habitan en lugares donde nunca se han visto anteriormente.

GLOSARIO

animal de caza — animales matados por cazadores con escopeta o flecha

animal de rapiña — un animal que mata a otros para su comida

astas — cuernos de algunos animales hechos de hueso que se asoman de la cabeza

cervato — la cría de los venados

especie — un término científico que significa una clase o tipo

gama — la hembra de los venados

habitat — el lugar donde vive un animal como, por ejemplo, el bosque

herbívoro — un animal que sólo come plantas

presa — un animal que es cazado por otro

territorio — el área donde vive cierta clase de animal

ÍNDICE ALFABÉTICO